Marie-France Muller

Cuisine végétarienne rapide

Du même auteur...

AUX ÉDITIONS JOUVENCE

Le vinaigre santé, Coll. Pratiques, 1999
Remèdes maison, Coll. Pratiques, 1999
Bien dormir, enfin!, Coll. Pratiques, 1998
Médecines douces pour animaux,
Coll. Pratiques, 1998
L'argile facile, Coll. Pratiques, 1998
Le chlorure de magnésium, un remède-miracle méconnu,
Coll. Pratiques, 1998
Vivre au positif, Coll. Pratiques, 1997
Oser parler en public, Coll. Pratiques, 1997
Croire en soi, Coll. Pratiques, 1997
L'enfant timide, Coll. Pratiques, 1997
Timide, moi? Plus jamais, 1996

AUTRES ÉDITEURS *(tous épuisés)*

Les réflexothérapies: comment masser les zones-réflexe de votre corps, Editions Retz, Paris, 1981
Le monde de l'ésotérisme et de la parapsychologie,
(en collaboration), Le Livre de Paris, 1980
Vaincre la timidité,
Editions Press Sélect, Montréal, 1978
Des énergies pour demain,
Editions de l'Agora, Genève, 1978
Les plantes médicinales,
Editions de l'Agora, Genève, 1978

Catalogue gratuit sur simple demande.
Editions Jouvence :
France : BP 7, 74161 St Julien-en-Genevois Cedex
Suisse : CP 184, 1233 Genève/Bernex

Illustration de couverture: J. C. Marol
Photo de l'auteur: Paul Boronat
Maquette & mise en pages: atelier weidmann

© Editions Jouvence, 1997
ISBN 2-88353-126-9

Tous droits de traduction, reproduction et adaptation réservés pour tous pays.

*Avec mes remerciements à Audrey David
pour son amicale et efficace participation.*

Sommaire

Introduction 9

Une nourriture végétarienne, pourquoi ? 11

Recettes de santé 21
   Entrées 23
      Couscous rapide en salade 23
      Epinards en salade 24
      Salade de carottes aux haricots verts 24
      Salade de chèvre chaud aux poivrons 25
      Salade composée 25
      Salade de haricots verts au gorgonzola 26
      Salade de printemps 26
      Salade de riz à l'alsacienne 27
      Salade rouge 27
      Salade sucrée-salée 28
      Taboulé des Incas 28
      Tomates à la mousse d'avocat 29
   Potages 31
      Soupe de blé 31
      Potage à la crème d'orge 32
      Potage cru 32
      Soupe au fromage 33
      Potage aux herbes 33
      Panade à l'oignon 34
      Soupe d'ortie 34

Velouté au potiron	35
Soupe de semoule	35
Soupe à la tomate	36
Soupe spéciale à l'ail et à l'oignon	36

Sauces **39**

Sauce Aurore	39
Sauce Béchamel	39
Sauce aux champignons	40
Sauce aux champignons (variante)	40
Sauce délicieuse (pour plats chauds et froids)	41
Mayonnaise sans œuf	41
Sauce salade simple	43
Sauce salade (variante)	43
Sauce tomate	43
Sauce verte	44

Plats complets **45**

Beignets de flocons de céréales	45
Beignets de pommes de terre	45
Blettes au gratin paysannes	46
Bouchées à la reine végétariennes	47
Brocolis à la tomate en gratin	47
Carottes poêlées	48
Carottes ou poireaux à la crème d'amande	48
Champignons farcis aux flocons de céréales	49
Champignons de Paris aux œufs de caille	49
Chili	50
Choux-fleurs aux champignons et aux pommes de terre	51
Crème de courgettes	52
Crème aux flocons de céréales	52
Crêpes sans œuf	53
Crêpes fourrées au gratin	53
Croustillants d'aubergines	54
Endives au lait de soja	54

Escalopes de blé	55
Fondue de courgettes	56
Galettes de pilpil	57
Galette de pommes de terre	57
Galettes de pommes de terre (variante)	58
Gâteau de macaronis	58
Gâteau Parmentier	59
Gnocchis à la semoule	59
Gratin de pâtes	60
Légumes farcis	60
Millet au sésame	61
Œufs au céleri	61
Omelette aux flocons de céréales	62
Omelette sans œufs	63
Pâtes en beignets	63
Poêlée de printemps	64
Pommes de terre sautées aux champignons	65
Potiron, courge ou potimarron grillé	65
Purée basquaise	66
Quenelles de pommes de terre	67
Quenelles de quinoa gratinées	67
Quiche express	69
Quiche végétarienne	69
Riz à l'arabe	70
Riz à la carotte	70
Riz au chou sénégalais	71
Riz original	71
Riz au tofu	72
Tarte au fromage	72
Tartiflette	73
Tomates farcies	73
Tomates farcies aux champignons	74
Tomates farcies au fromage	75
Tranches de tofu panées	75

Desserts **77**
    Bananes au caramel 77
    Beignets de carnaval 78
    Biscuits 78
    Boulettes bavaroises 79
    Charlotte au fromage blanc 80
    Cocotte à la normande 80
    Crêpes aux pommes 81
    Flan au chocolat ou à la vanille 81
    Flan à la papaye 82
    Flan de semoule 82
    Gâteau amandine à la quinoa* 83
    Gâteau fromager 83
    Gâteau rapide au chocolat 84
    Gâteau express à la poêle 84
    Gâteau de maïs 85
    Gâteau de semoule 85
    Gâteau sans œuf 86
    Gâteau au yaourt 86
    Gratin de pommes 87
    Omelette sucrée 87
    Pommes râpées à la gelée de fruits 88
    Riz au lait 88
    Sablés 89
    Soupe à la bière (recette allemande) 89
    Tarte au citron 90
    Tarte au citron (variante) 90
    Tourte de Linz 91

Boissons **93**
    Boisson au gingembre 93
    Liqueur d'églantine 93
    Sirop de citron vert 94

Introduction

Vous voulez vous nourrir sainement de manière végétarienne, ainsi que votre famille ? Excellente résolution ! Mais si votre bonne volonté est évidente, votre manque de temps l'est aussi, bien souvent, et vous vous demandez parfois comment y parvenir…

Ou peut-être avez-vous consulté un nutritionniste, un naturopathe et ce dernier vous ayant conseillé une nourriture de préférence végétarienne, vous vous demandez comment vous allez pouvoir effectuer ce changement aussi drastique de vos habitudes !

Dans tous les cas, ce petit guide est fait pour vous ! Vous y trouverez les bases d'une alimentation saine et savoureuse, très simple à réaliser, même par des personnes inexpérimentées. Quant aux recettes, leur temps de préparation n'excède généralement pas cinq à dix minutes.

Bien sûr, il est des milliers de possibilités et le but de ce guide pratique n'était pas d'être exhaustif.

Cependant, nous espérons que les exemples donnés vous donneront quelques idées neuves et vous permettront de mettre au point *vos propres recettes*, ce qui est généralement plus facile à réaliser qu'il n'y paraît au début.

Alors, bon appétit… et bonne santé !

Une nourriture végétarienne, pourquoi ?

Vous êtes ce que vous mangez !
Un bon équilibre alimentaire est de première importance. Nous sommes ce que nous mangeons ; tous nos tissus, nos os, nos cellules nerveuses, cérébrales sont constitués et renouvelés à l'aide des éléments fournis par notre nourriture.

Il faut donc surveiller celle-ci attentivement au lieu de nous contenter, comme c'est le cas bien souvent, de nous remplir l'estomac avec tout ce qui nous tombe sous la main au moment où la sensation de faim se fait sentir. Si les autruches peuvent se le permettre (elles sont outillées pour !), tel n'est pas notre cas.

Donnez à votre corps ce dont il a besoin
Les trois quarts des gens prennent un soin minutieux de leur automobile ; ils choisissent le carburant le mieux adapté, font vidanges et graissages dès que cela est nécessaire (et même avant).

Il est ahurissant de constater que ces mêmes personnes consomment n'importe quoi sans s'occuper des besoins de leur «machine biologique» et ne prennent nullement garde à pratiquer les «vidanges» nécessaires lorsque le moteur s'encrasse, c'est-à-dire quand l'état morbide d'intoxication dégénère en crise aiguë: la maladie[1]. On espère alors des miracles de comprimés pharmaceutiques surpuissants, lesquels ont pour mission de tout nettoyer en un minimum de temps et sans effort de la part du malade.

Il ne faut pas s'étonner si, à la suite de ce genre de traitement, l'organisme affaibli décide un jour d'abandonner un combat déloyal pour lequel on ne lui donne aucune des armes qu'il réclame.

De quoi avons-nous réellement besoin ?

Il importe donc en premier lieu d'étudier avec soin les besoins de notre organisme. La viande et ses dérivés sont devenus de nos jours la nourriture de base, ce qui semble bien être une *terrible* erreur – pour nous-mêmes, ainsi que pour les animaux inutilement sacrifiés, le plus souvent de manière horrible et inhumaine, et dont le cadavre est baptisé *viande*. (Et ne parlons pas du nouveau danger qui plane sur les consommateurs de chair animale :

---

[1] Consultez à ce sujet l'excellent ouvrage de Christopher Vasey, *Manuel de Détoxication,* paru aux Editions Jouvence.

la tristement célèbre maladie de Creutzfeld-Jakob, laquelle n'a aucune raison de se limiter aux bovins et pourrait fort bien s'étendre à toute chair d'animaux nourris avec les débris d'abattoirs et de cabinets vétérinaires (eh oui!), ce qui inclue bien sûr les ovins, les volailles et les poissons élevés en vivier.)

En effet :

○ Nous ne sommes pas conçus comme les carnassiers : denture faite pour déchiqueter, foie très volumineux pour détruire les purines, intestins très courts pour éliminer rapidement les déchets très toxiques de la viande – nourriture cadavérique, il faut le rappeler!

○ Nous ne sommes pas non plus des herbivores pourvus d'une panse adaptée aux besoins, d'intestins très longs et d'une denture permettant de mâcher longuement.

○ Nous sommes conçus comme les frugivores. *Comme l'homme*, ils tiennent le milieu entre ces deux extrêmes. Ils ont des dents faites pour croquer et mastiquer (et non pour déchirer la viande : c'est pourquoi on la cuit, ce qui est anti-naturel!) ; ils ont un foie de volume moyen, incapable d'assurer complètement la protection de l'organisme contre l'envahissement des toxines dues à l'alimentation carnée. C'est pourquoi, à l'heure actuelle, près de quatre-vingt dix-neuf pour cent de la population souffre chroniquement – sournoisement parfois – de surcharge hépatique, et ce jusqu'à ce que la maladie s'installe. De plus, l'intestin étant trop long pour éliminer les toxines assez rapidement, celles-ci sont alors réabsorbées par la muqueuse intestinale et introduites dans la circulation sanguine, au grand dommage de tous les organes avec lesquels elles entrent en contact (et les troubles colitiques s'installent!).

Ce sont là les principaux arguments en faveur d'un régime à large prédominance végétarienne, composé de fruits frais, de légumes crus et cuits, de céréales (non raffinées si possible: farine complète, pain complet, blé, riz non décortiqué, orge, semoule complète, sarrasin etc.). Ce mode d'alimentation apporte à l'organisme toutes les vitamines et les sels minéraux indispensables, d'une manière naturelle et assimilable, évitant ainsi les carences du régime dit «normal» composé de produits dénaturés, morts, raffinés à l'extrême (ce qui leur a enlevé toute réelle qualité nutritionnelle).

Ajoutez des produits laitiers en quantité raisonnable (surtout du fromage), ainsi que des œufs de bonne qualité – laquelle dépend étroitement de la façon dont les poules sont élevées et nourries: donc attention aux élevages industriels!

Utilisez des huiles vierges de première pression à froid (en magasins de diététique) qui vont apporter à votre organisme toutes les qualités des graines dont elles sont extraites. Cette huile n'est obtenue que par simple pression des graines, ce qui laisse à l'huile ses qualités et son parfum naturel – lequel peut étonner lors des premières utilisations. Enfin, le sucre de canne roux non raffiné s'utilise comme le sucre blanc habituel, mais sans en présenter la nocivité.

Les huiles raffinées

Il est illusoire de penser que, par exemple, l'huile de tournesol ordinaire possède encore la moindre trace des propriétés anti-cholestérolémiques de la graine de tournesol. Songez que ces graines sont pressées à haute température (donc plus de vie!), puis passées au trichloréthylène afin d'en bien extraire toute l'huile. On fait ensuite évaporer le trichloréthylène et il faut désodoriser le produit obtenu; on obtient alors un jus noirâtre du plus mauvais effet qu'il faut décolorer, recolorer d'un beau jaune d'or et que l'on parfume enfin chimiquement avant de l'étiqueter: «huile pure de tournesol»! Et ce n'est là qu'un aperçu bref des traitements subis...

Accordez donc la prédominance à ce régime alimentaire en diminuant votre consommation de viande et de conserves au profit de ces aliments vivants, capables d'entretenir la bonne santé de votre corps. Achetez un bon livre traitant de l'équilibre alimentaire[2] et abandonnez progressivement les habitudes funestes qui ruinent votre santé physique et mentale.

Prenez vos repas à heure fixe si possible ; cela équilibrera votre système digestif. Evitez les repas trop fréquents et abondants. Quand l'organisme est bien désintoxiqué et que l'assimilation est bonne, deux ou trois repas par jour suffisent amplement, avec par exemple un repas de fruits intercalé. Il est d'ailleurs conseillé de pratiquer une journée par semaine de monodiète, durant laquelle vous ne consommez qu'une seule catégorie d'aliments (par exemple : une journée de fruits ou une journée de riz)

Encore quelques conseils concernant votre alimentation

Grignoter toute la journée fatigue inutilement le corps ; pour l'instant, limitez-vous à trois repas :

o un petit déjeuner avec céréales complètes ou pain complet, thé ou tisane, œuf le cas échéant,

o un repas à midi, le plus complet de la journée (si votre travail vous le permet), composé de

---

[2] *Alimentation et équilibre de vie* de Martine Catani, Editions Jouvence. *L'énergie du cru* de Leslie et Susannah Kenton, Editions Jouvence.

crudités variées, légumes, céréales complètes, fromage ou dessert,
- et un dîner léger, qui peut n'être qu'un repas de fruits.

Choisissez toujours les fruits et légumes de saison, cultivés si possible dans votre région. Si les fraises sont un excellent aliment de printemps, elles ne vous feront aucun bien consommées en janvier, après un long voyage en avion et les traitements qu'elles auront subi à cet effet ! Vous ferez de plus des économies...

Il est à noter que les fruits doivent toujours être pris *seuls*, en dehors de tout autre aliment. Quant aux viandes et poissons, si vous en mangez encore, réservez-les pour le repas de midi : le soir, le pouvoir excitant de la viande perturberait votre sommeil ou le rendrait moins réparateur. Et surtout, mangez tranquillement, en pensant à ce que vous faites et en mastiquant soigneusement. C'est la première condition d'une bonne digestion !

Evitez de boire au cours des repas, ce qui perturberait votre digestion en diluant inutilement vos sucs gastriques : apprenez à boire *en dehors* des repas. Si vous prenez soin de boire suffisamment au cours de la journée et si vous mastiquez bien vos aliments, vous vous passerez sans peine de boire à table.

Matériel et modes de cuisson

Surtout, rejetez absolument l'aluminium, lequel libère continuellement des sels d'alumine dangereux (certains chercheurs l'accuse d'ailleurs de jouer un rôle-clé dans le développement de la maladie d'Alzheimer!).

Choisissez de préférence des objets en terre cuite, en verre, en inox, en fonte noire (les vieilles cocottes de nos grands-mères étaient parfaites à cet égard), en bois, en porcelaine etc.

Evitez la cuisson à la cocotte-minute, trop rapide et destructrice. Le four à micro-ondes n'est pas non plus conseillé: certaines expériences récentes semblent prouver que la consommation d'aliments cuits avec ce procédé exercerait une action néfaste sur le système immunitaire (chute lymphocytaire dans le quart d'heure qui suit l'ingestion).

Les meilleures méthodes de cuisson demeurent simples:

o *Cuisson à l'étouffée:* la plus naturelle. Les légumes sont cuits à petit feu dans une cocotte fermée (il existe à cet effet des cocottes spéciales avec couvercle en creux dans lequel on verse de l'eau, ce qui permet à la vapeur intérieure de se recondenser et de retomber au fond de l'ustensile sans déperdition). Même sans corps gras, les légumes cuisent dans leur eau de végétation.

o *Cuisson à la vapeur:* les légumes ainsi préparés sont délicieux, très sains et conservent leur couleur et leur aspect. Il existe à cet effet des appareils simples et bon marché, faciles d'emploi, avec deux cuves superposées, ce qui permet la cuisson simultanée de deux aliments différents dans des temps assez courts.

- *Cuisson à l'eau :* peut-être utilisée, mais il y a alors déperdition de sels minéraux qui demeurent dans l'eau de cuisson. Il est possible de la réutiliser (rapidement) pour faire un potage ou préparer une sauce.

- *Cuisson au four :* ne présente aucun problème particulier (excepté le cas du micro-ondes exposé précédemment).

- *Cuisson à l'huile :* à utiliser avec parcimonie. L'huile ne doit surtout pas être surchauffée ni brûler.

Recettes de santé

Nous nous sommes limités (sauf quelques exceptions auxquelles nous n'avons pas su résister) à des recettes simples choisies pour leur facilité et leur rapidité d'exécution. Ces notions de base vont vous permettre d'inventer vos propres recettes, d'améliorer celles-ci et de modifier celles que vous connaissiez déjà. Aussi, n'hésitez pas à faire des annotations dans les pages de ce livre: c'est ainsi que vous en ferez un instrument utile qui correspondra à **vos** goûts.

N.B.: Les recettes sont prévues pour 4 personnes, sauf mention spéciale.

Voici aussi une liste (non exhaustive) des ingrédients de base qu'il vous faudrait avoir toujours à disposition:

- *Huile d'olive, de tournesol, composée etc.*
- *Huile de palme ou margarine végétale ou graisse végétale*
- *Tamari ou sauce de soja*
- *Levure alimentaire ou levure maltée*

- *Gomasio (sésame grillé salé)*
- *Aromates divers (herbes de Provence, thym, romarin, noix de muscade, sauge, estragon, colombo, safran, cannelle, gingembre, curry…)*
- *Cubes de bouillon végétal*
- *Ail, oignons, échalotes, persil*
- *Céréales complètes : riz, pâtes, pilpil, semoule, sarrasin, flocons divers, quinoa, millet*
- *Farine complète de blé, de sarrasin*
- *Sucre de canne roux*
- *Lait de soja*
- *Purée d'amande*

Entrées

Cette partie du repas est la plus importante, puisque surtout composée d'aliments vivants. Ne la négligez surtout jamais et laissez courir votre imagination ! Outre les crudités, voici quelques idées…

Couscous rapide en salade

Préparation : 10 mn

250 g de couscous complet, 4 tomates moyennes, 1 avocat, 3 échalotes, huile d'olive vierge, 1 jus de citron, une poignée de feuilles de menthe, sel marin, 1 c. à soupe de moutarde, eau

① Mettez le couscous dans un saladier et recouvrez-le d'eau très chaude. Laissez-le gonfler quelques minutes.

② Pendant ce temps, préparez une sauce salade avec la moutarde, l'huile et le jus de citron. Ajoutez-y les échalotes émincées finement ainsi que la menthe hachée.

③ Débitez les tomates et l'avocat en petits morceaux. Mélangez le tout et servez frais.

N.B. : En été, vous pouvez vous contenter de verser de l'eau froide sur le couscous et de le placer au soleil environ une heure. Il gonflera tout aussi bien et conservera toutes ses qualités.

Épinards en salade

Préparation : 10 mn

8 feuilles d'épinards très frais, 4 petits fromages de chèvre, 4 tranches de pain complet, 1 jus de citron, huile d'olive, sel et poivre

① Mettez à fondre au four chaud les fromages de chèvre sur leurs tranches de pain.

② Préparez la vinaigrette avec le jus de citron, l'huile, le sel et le poivre.

③ Laver les feuilles d'épinards et déchirez-les en morceaux. Ajoutez la vinaigrette et mélangez. Servez le tout joliment présenté.

Salade de carottes aux haricots verts

Préparation : 5 mn

4 carottes, 1 poignée de haricots verts crus très tendres, 1 jus de citron, huile d'olive sel, poivre

① Râpez les carottes avec une râpe fine. Arrosez-les avec le jus de citron et l'huile d'olive.

② Coupez très finement les haricots verts, puis mélangez-les au reste.

③ Assaisonnez et servez frais.

Salade de chèvre chaud aux poivrons

Préparation : 7 mn

4 fromages de chèvre, 4 tranches de pain complet, 1 poivron rouge ou jaune, 20 cerneaux de noix, salade verte assaisonnée

① Coupez en deux dans le sens de l'épaisseur les fromages de chèvre. Disposez les deux parties sur chaque tranche de pain. Mettez-les à gratiner à four chaud.

② Pendant ce temps, émincez le poivron et faites-le revenir environ 3 mn à la poêle avec les cerneaux de noix.

③ Dans chaque assiette, disposez les tranches de pain sur un lit de salade préalablement assaisonnée et décorez avec le poivron aux noix.

Salade composée

Préparation : 5 mn

carottes, navet, chou vert ou rouge, radis, radis noir, salade verte, épinards, betterave rouge crue, choucroute crue etc.

En fait, vous pouvez mélanger toutes sortes de légumes de saison, à votre gré. N'oubliez pas d'y adjoindre aussi souvent que possible des graines germées. Assaisonnez avec de l'huile, des herbes (persil, cerfeuil, ciboulette…), ail, oignon ou échalote, levure alimentaire, gomasio.

Salade de haricots verts au gorgonzola

Préparation : 5 mn ; Cuisson : 20 à 30 mn

500 g de haricots verts cuits et quelques-uns crus, quelques feuilles de salade verte, 200 g de gorgonzola, sauce délicieuse (sans ail)

① Faites cuire les haricots verts à la vapeur ou à l'étouffée ou utilisez des conserves biologiques.
② Coupez en dés le gorgonzola et les haricots verts crus.
③ Mélangez les haricots, le fromage et la sauce. Disposez la préparation sur les feuilles de salade.

Salade de printemps

Préparation : 6 à 8 mn

1 endive, mâche, quelques pissenlits, un peu de choux-fleurs cru, 1 pomme, ciboulette, 1 jus de citron, huile d'olive, sel et poivre

① Coupez en morceaux les pissenlits, l'endive, le choux-fleurs cru et la pomme que vous aurez préalablement pelée et épépinée.
② Faites une vinaigrette avec l'huile, le jus de citron, le sel, le poivre et la ciboulette.
③ Mélangez le tout avec la mâche.

Salade de riz à l'alsacienne

Préparation : 5 mn

250 g de riz complet cuit, 100 g de gruyère, 3 œufs durs, ciboulette, cerfeuil, basilic, sauce délicieuse, 1 c. à café de moutarde, quelques radis roses

① Mêlez la moutarde à la sauce délicieuse, ajoutez-y les herbes.

② Débitez les radis et les œufs durs en fines rondelles, le gruyère en petits cubes.

③ Mélangez le tout dans un saladier avec le riz et servez frais.

Variante :

Vous pouvez remplacer la sauce délicieuse par de la mayonnaise sans œuf *(voir sauces)*.

Salade rouge

Préparation : 7 mn

2 belles betteraves crues, 2 œufs durs, 1 poignée de haricots verts crus, 1 jus de citron, 1 cuillerée à soupe d'huile d'olive, sel et poivre

① Mettez les œufs à cuire. Nettoyez les betteraves et coupez-les en petits dés.

② Coupez les haricots verts en petits morceaux.

③ Disposez le tout dans un plat en décorant avec les œufs découpés en rondelles et arrosez de vinaigrette.

Salade sucrée-salée

Préparation : 5 mn

3 endives, 1 pamplemousse, 1 avocat,
1 jus de citron, huile d'olive, sel et poivre

① Coupez en morceaux les endives, le pamplemousse épluché, l'avocat et disposez-les dans un saladier.

② Faites une vinaigrette avec l'huile, le jus de citron, le sel et le poivre et mélangez le tout.

Taboulé des Incas*[3]

Préparation : 10 mn ; Cuisson : 10 mn

200 g de quinoa, 2 carottes, 1 oignon, 1 poivron
rouge, vinaigrette à l'huile d'olive, ciboulette,
2 épis frais (ou un petit bocal) de maïs doux

① Mettre à cuire (10 mn) la quinoa dans 2 fois son volume d'eau.

② Coupez en allumettes les carottes et le poivron. Jetez-les 3 mn dans de l'eau bouillante (ou faites-les rapidement sauter à la poêle).

③ Râpez finement l'oignon dans la vinaigrette et ajoutez-la à la quinoa refroidie et aux légumes. Mélangez délicatement et saupoudrez de ciboulette hachée.

---

[3] Les recettes marquées [*] ont été gracieusement mises à disposition par Primeal, 07 Peaugres, France.

Tomates à la mousse d'avocat

Préparation : 5 mn

*4 tomates, 1 avocat bien mûr, 1 jus de citron,
1 cuillerée à soupe d'huile d'olive, 1 œuf, sel et poivre*

① Versez dans un mixer la chair de l'avocat, l'œuf, le jus de citron, l'huile d'olive, le sel et le poivre. Mixez le tout.

② Disposez la mousse ainsi obtenue au centre d'un plat de service et décorez avec les tomates en tranches. Servez frais.

Potages

Un potage chaud, surtout l'hiver, est à la fois agréable et apéritif de par les sels minéraux contenus dans le bouillon. Le sel n'est pas mentionné : ajoutez-en à votre goût, en tenant compte du fait que bien souvent, il n'est pas nécessaire d'en additionner vos plats.

Soupe de blé

Préparation : 5 mn ; Cuisson : 5 mn
5 c. à soupe de farine complète, persil, thym, cerfeuil, 1 cube de bouillon végétal, 1 litre d'eau, (facultatif : restes de légumes)

① Faites dorer à sec la farine dans une poêle en remuant sans cesse.
② Versez dessus l'eau chaude dans laquelle vous aurez fait dissoudre le cube de bouillon végétal. Allongez d'eau chaude si nécessaire pour faire un potage fluide. Laissez cuire deux ou trois minutes avec les herbes. Ajoutez un peu de beurre ou de crème et servez avec du pain grillé.

Potage à la crème d'orge

Préparation : 10 mn ; Cuisson : 15 mn

5 ou 6 c. à soupe de flocons d'orge, 3 c. à soupe d'huile, 3 c. à soupe de tamari (sauce de soja), 1 carotte, 1 oignon, persil haché, 1 poireau, noix de muscade, sel, 1 litre d'eau

① Coupez en fins morceaux la carotte, l'oignon et le poireau que vous ferez ensuite revenir légèrement dans l'huile.

② Ajoutez les légumes à l'orge et faites cuire le tout à feu doux (15 mn).

③ Lorsque l'orge est cuite, ajoutez selon votre goût du tamari, de la noix de muscade, du sel et en dernier lieu le persil haché. ,

(N.B. Cette recette peut se réaliser avec des flocons d'avoine, de blé, d'épeautre, de quinoa ou cinq céréales.)

Potage cru

Préparation : 5 mn

1 carotte, 1 pomme de terre, ½ oignon, 1 branche de persil, 1 peu de poireau, ½ navet, ½ feuille de chou, 1 ou 2 feuilles de salade verte

Mixez le tout avec 1 litre d'eau bouillante, assaisonnez et servez aussitôt. On peut y ajouter, au moment de servir, des flocons de céréales et un peu d'huile d'olive.

Soupe au fromage

Préparation: 5 mn; Cuisson: 8 mn

1 litre et demi d'eau, 1 cube de bouillon végétal, 200 g de gruyère râpé, huile, 2 gros oignons, pain complet, plat creux allant au four ou tian,

① Mettez l'eau à chauffer avec le cube de bouillon végétal et les oignons émincés.

② Huilez légèrement le récipient. Placez au fond de fines tranches de pain complet. Recouvrez-les de gruyère. Remplissez le récipient par couches successives en terminant par le gruyère. Ajoutez un peu d'huile.

③ Versez sur le tout la moitié du bouillon chaud. Faites gratiner au four.

④ Au moment de servir, ajoutez le reste du bouillon.

N.B. Cette soupe très nourrissante peut servir de plat de résistance.

Potage aux herbes

Préparation: 5 mn; Cuisson: 10 mn

Laitue, cerfeuil ou persil, oseille: une poignée de chaque coupée fin.

Faites cuire dans un litre et demi d'eau et laissez réduire à un litre environ. Passez et servez additionné d'un peu d'huile d'olive vierge.

Panade à l'oignon

Préparation : 5 mn ; Cuisson : 20 mn

1 gros oignon coupé en quatre, 2 pommes de terre cuites, 1 gousse d'ail, persil, pain rassis coupé en morceaux

① Mettez le pain à tremper dans l'eau froide et laissez-le gonfler dix minutes. Ajoutez oignon, ail et persil. Portez à ébullition et laissez mijoter à feu très doux 20 mn.

② Mixez ou non. On peut ajouter au moment de servir un peu de crème fraîche ou de purée d'amande. On peut aussi, au lieu d'eau, utiliser un bouillon de légumes.

Soupe d'ortie

Préparation : 5 mn ; Cuisson : 20 mn

4 poignées de jeunes orties, quelques pissenlits, 3 oignons moyens, 4 c. à soupe de flocons de céréales, persil, 1 litre et demi d'eau

Hachez finement l'oignon et les herbes et laissez cuire dans l'eau 20 mn à feu doux. Ajoutez les flocons de céréales au dernier moment et laissez cuire deux ou trois minutes.

Velouté au potiron

Préparation : 10 mn ; Cuisson : 30 mn
Peut se réaliser avec une courge ou un potimarron.
750 g de potiron, 1 c. à soupe de purée d'amande,
1 litre d'eau

① Epluchez le potiron (certains types de courge n'ont pas à être épluchées : renseignez-vous !). Débitez-le en cubes que vous mettrez cuire à l'eau.
② Dès qu'ils sont tendres, passez-les au mixer. Ajoutez la purée d'amande, un peu de sel et servez. On peut aussi ajouter du riz déjà cuit ou des flocons de céréales, de la semoule ou du tapioca.

Soupe de semoule

Préparation : 5 mn ; Cuisson : 5 mn
6 c. à soupe de semoule complète, 1 c. à soupe de
purée d'amande, 1 litre d'eau

① Diluez la purée d'amande dans l'eau et mettez à chauffer.
② Faites légèrement griller à sec la semoule dans une casserole.
③ Versez dessus le lait d'amande chaud et laissez cuire quelques minutes en remuant. Assaisonnez à volonté.

Soupe à la tomate

Préparation : 5 mn ; Cuisson : 5 mn
400 g de tomates fraîches, ¾ de litre d'eau,
3 ou 4 pommes de terre cuites, 1 branche de céleri,
persil, ail à volonté

Coupez les tomates en gros dés. Mettez-les à cuire dans l'eau avec le céleri pendant 4 ou 5 mn. Passez au mixer avec les pommes de terre, assaisonnez et servez.

Soupe spéciale à l'ail et à l'oignon

(6 personnes)
Préparation : 15 mn ; Cuisson : 20 mn
3 gros oignons jaunes, 1 grosse tête d'ail, 1 litre de lait demi-écrémé, 3 clous de girofle, 1 bouquet garni : thym, romarin, sauge, laurier-sauce, huile d'olive vierge

① Nappez le fond d'une cocotte d'une bonne couche d'huile d'olive.

② Faites-y blondir les oignons émincés ainsi que toutes les gousses de la tête d'ail coupées en petits morceaux.

③ Quand le tout a blondi, laissez un peu refroidir, puis versez dessus le litre de lait.

④ Ajoutez les clous de girofle et le bouquet d'herbes. Laissez mijoter à feu doux environ 20 mn. Ne passez pas cette soupe : *tout* doit être consommé !

(Cette soupe, un peu longue à préparer, n'entre pas dans le cadre des recettes «rapides» annoncées. Cependant, ses vertus m'engagent à vous la communiquer. Excellente au goût, cette vieille recette est aussi destinée à combattre les problèmes de bronches et de poumons. En cas de bronchite (aiguë ou chronique) ou si vos poumons sont encrassés par le tabac, n'hésitez pas à vous en servir trois ou quatre assiettées dans la journée pendant le temps nécessaire: le résultat ne se fera pas attendre!)

Sauces

Presque toutes les sauces peuvent être adaptées : il suffit la plupart du temps de les alléger quelque peu en remplaçant certains ingrédients par d'autres, plus diététiques.

Sauce Aurore
Préparation : 3 mn + préparation de la Béchamel
1 bol de sauce béchamel, ½ bol de sauce tomate,
1 échalote hachée finement
Mélangez la sauce tomate chaude à la Béchamel et ajoutez l'échalote.

Sauce Béchamel
Préparation : 5 mn
6 c. à soupe de farine complète, ½ litre de lait,
un bon morceau de margarine végétale, sel marin

① Faites fondre la margarine végétale dans la poêle et ajoutez-y la farine. Laissez cuire doucement en remuant sans cesse, jusqu'à ce que la farine blondisse.

② Ajoutez alors le lait, par petites quantités, sans cesser de remuer, jusqu'à ce que l'ensemble prenne la consistance désirée. Vous pouvez parfumer avec de la noix de muscade, du thym ou autre.

Sauce aux champignons

Préparation : 5 mn ; Cuisson : 5 mn
1 bol de béchamel, 200 g de champignons,
1 gousse d'ail, huile de palme

① Faites revenir les champignons émincés avec de l'huile ou de la margarine végétale et ajoutez l'ail.
② Mélangez-les, lorsqu'ils sont cuits, à la béchamel. Accompagne très bien œufs durs, pommes de terre, choux-fleurs…

Sauce aux champignons *(variante)*

Préparation : 5 mn ; Cuisson : 10 mn
150 g de champignons de Paris, 1 oignon,
3 c. à soupe de farine, 1 cube de bouillon végétal,
½ litre d'eau, 1 petit verre de crème fraîche,
ciboulette, 30 g de margarine végétale, sel, poivre

① Mettez l'eau à bouillir avec le cube de bouillon végétal.
② Hachez finement l'oignon et les champignons. Faites fondre la margarine végétale dans une poêle et mettez-y à revenir doucement le hachis de légumes.
③ Ajoutez-y la farine, mélangez et mouillez avec le bouillon chaud. Laissez cuire doucement, salez, poivrez.
④ Avant de servir, ajoutez à la sauce la crème fraîche et les fines herbes hachées.

Sauce délicieuse *(pour plats chauds et froids)*

Préparation : 2 mn

4 c. à soupe d'huile d'olive vierge, 2 c. à soupe de tamari, 3 c. à soupe de levure alimentaire, 2 gousses d'ail, un bol d'eau chaude

Mélangez la levure (alimentaire ou maltée), l'huile d'olive et le tamari. Au moment de servir, ajoutez un bol d'eau bien chaude et mélangez.

Cette sauce sert aussi bien à assaisonner les céréales (riz, pâtes, pilpil, couscous etc.) que les légumes ou certaines crudités.

Mayonnaise sans œuf

Préparation : 3 mn

1 c. à soupe de purée de sésame ou d'amande, 1 c. à soupe de levure maltée, 1 c. à soupe de moutarde, 1 jus de citron, huile d'olive, sel, aromates, ail à volonté

Mélangez la purée de sésame, la levure, la moutarde et le sel. Montez la mayonnaise avec l'huile d'olive. Ajoutez en dernier le jus de citron et les aromates.

Huile composée

On peut préparer soi-même une excellente «huile composée», délicieuse au goût et bourrée de vertus: pour cela, mélangez dans une bonbonne de cinq litres:

- Huile d'olive: 2 litres
- Huile de tournesol: 1 litre
- Huile d'arachide: ½ litre
- Huile de courge: ¼ litre
- Huile de sésame: ¼ litre
- Huile de germe de blé: ¼ litre
- Huile de carthame: ¼ litre
- Huile de noix: ¼ litre
- Huile de pépins de raisins: ¼ litre

Mélangez le tout en agitant légèrement le récipient. Conservez cette huile dans un bidon ou une bonbonne fermée ou mettez-la directement en bouteilles. Vous pouvez aussi ajouter à chaque bouteille des plantes aromatiques qui, en macérant, parfumeront l'huile: thym, romarin, sarriette, ail, échalote etc.

Vous utiliserez, bien entendu, uniquement des huiles vierges de première pression à froid et issues de l'agrobiologie.

Sauce salade simple
Préparation : 2 mn
3 c. à soupe d'huile d'olive ou autre, jus de citron, persil, ail ou échalote, sel marin

Sauce salade *(variante)*
Préparation : 2 mn
1 c. à café de purée d'amande, 1 c. à soupe de vinaigre de cidre, 1 c. à soupe de tamari, 3 c. à soupe d'huile composée, cerfeuil, persil

Sauce tomate
Préparation : 5 mn ; Cuisson : 15 à 20 mn
500 g de tomates, 2 c. à soupe d'huile d'olive, 1 c. à café de sel marin, 1 c. à café d'herbes de Provence, 2 caïeux d'ail, 100 g de champignons de Paris, sel marin

① Coupez les tomates en gros dés et laissez-les doucement revenir dans l'huile d'olive pendant 5 mn.

② Ajoutez les herbes de Provence, l'ail écrasé, les champignons émincés finement. Couvrez. Laissez cuire à feu très doux 10 mn. Découvrez, salez et laissez réduire si nécessaire.

Sauce verte

Préparation : 5 mn ; Cuisson : 15 mn

quelques feuilles de laitue, mâche, épinard, persil, cerfeuil, basilic, une petite échalote, 1 jaune d'œuf, un oignon nouveau, 1 c. à soupe de farine complète, un peu de margarine végétale, ½ litre d'eau

① Coupez finement les feuilles, l'échalote et l'oignon. Faites-les dorer dans un peu de margarine végétale, saupoudrez le tout avec la farine. Ajoutez l'eau et laissez cuire 10 mn.

② Délayez le jaune d'œuf avec un peu d'eau et ajoutez-le à la sauce très chaude en remuant bien. Laissez encore mijoter quelques minutes à feu très doux. Excellente avec des pommes de terre, légumes, pâtes etc.

Plats complets

Il s'agit-là de plats complets pouvant, accompagnés d'une salade, suffire à constituer un repas. Leur goût attrayant vous permettra un passage agréable à ce nouveau mode alimentaire.

Beignets de flocons de céréales

Préparation : 5 mn ; Cuisson : 5 mn

1 œuf, 1 verre de lait de soja, 2 c. à soupe de farine ou de maïzéna, 100 g de gruyère râpé, 2 c. à soupe de flocons de céréales, sel, margarine végétale

① Mélangez les flocons, la farine, l'œuf, le lait de soja, le fromage râpé et le sel jusqu'à obtenir une pâte homogène. Avec une cuillère à café, faites-en de petites boules.

② Mettez de la graisse végétale à fondre dans une poêle, autant qu'il en faudra pour que les petites boules y baignent complètement.

③ Faites frire les boulettes. Servez chaud.

Beignets de pommes de terre

Préparation : 10 mn ; Cuisson : 5 mn

1 kg de pommes de terre, 2 ou 3 oignons moyens, 100 g de gruyère râpé, 2 œufs, ciboulette, persil, huile de palme

① Râpez les pommes de terre ou passez-les au mixer.

② Hachez les oignons.

③ Battez les œufs en omelette. Ajoutez du persil ou de la ciboulette, ainsi que le gruyère râpé. Mêlez bien le tout.

④ Formez des boulettes que vous ferez dorer dans un peu d'huile d'olive ou de margarine végétale (huile de palme).

Blettes au gratin paysannes

Préparation : 10 mn ; Cuisson : 20 mn

250 g de côtes de bettes, 200 g de pétales d'orge, 1 oignon, 1 gousse d'ail, 100 g de gruyère râpé, 1 biscotte complète ou chapelure, herbes de Provence, margarine végétale, huile d'olive

① Coupez en dés les côtes de bettes et faites-les cuire à l'eau.

② Pendant ce temps, versez les pétales d'orge dans de l'eau bouillante à laquelle vous ajoutez l'oignon émincé, une gousse d'ail écrasée et des herbes de Provence. Laissez gonfler cinq minutes.

③ Mélangez ensuite les deux préparations, ajoutez-y la moitié du gruyère râpé et un peu d'huile d'olive.

④ Versez le tout dans un plat allant au four légèrement huilé. Saupoudrez du reste du râpé et de la chapelure obtenue en écrasant au rouleau la biscotte. Parsemez la surface de petits morceaux de margarine végétale et faites gratiner à four chaud 5 à 10 mn.

Bouchées à la reine végétariennes
Préparation : 5 mn ; Cuisson : 5 mn
Bouchées à la reine, quenelles végétariennes ou tofu, 5 champignons de Paris, sauce béchamel, 4 gousses d'ail, huile de palme
① Faites revenir les champignons dans une poêle avec l'ail. Ajoutez-les ensuite à la béchamel avec les quenelles (ou le tofu) coupées en petits morceaux.
② Faites réchauffer les bouchées vides au four, remplissez-les avec le mélange et servez aussitôt.

Brocolis à la tomate en gratin
Préparation : 5 mn ; Cuisson : 10 mn
1 ou 2 brocolis, ¼ litre de sauce tomate, 100 g de fromage râpé, curry, sel, poivre
① Faites cuire les brocolis à la vapeur ou à l'étouffée. Disposez-les dans un plat à gratin légèrement huilé.
② Nappez-les de sauce tomate à laquelle vous aurez ajouté 1 pincée de curry, le sel et le poivre. Parsemez de fromage râpé et mettez à gratiner à four chaud quelques instants.

Carottes poêlées

Préparation : 5 mn ; Cuisson : 10 mn

4 carottes, 1 verre de lait de soja, margarine végétale, 1 morceau de sucre, sel, poivre, ciboulette

① Coupez les carottes en rondelles. Faites-les revenir à la poêle sur feu doux dans un peu de margarine végétale en surveillant bien qu'elles ne brûlent pas.

② Quand elles s'attendrissent, ajoutez le lait de soja et laissez encore cuire quelques minutes.

③ Ajoutez un petit morceau de sucre, sel, poivre, ciboulette hachée et servez.

Carottes ou poireaux à la crème d'amande

Préparation : 5 mn ; Cuisson : 15 mn

4 poireaux ou 8 carottes, 1 c. à soupe de purée d'amande, ½ c. à café de colombo (mélange d'épices)

① Coupez en fines tranches les légumes dans une poêle, saupoudrez d'une demi-c. à café de colombo, ajoutez un peu d'eau, couvrez et laissez mijoter 5 mn.

② Puis ajoutez la crème d'amande, préparée en diluant la c. à soupe de purée d'amande avec 2 c. à soupe d'eau. Couvrez et laissez la cuisson se terminer (10 mn).

Champignons farcis aux flocons de céréales

Préparation : 10 mn ; Cuisson : 25 mn

8 gros champignons de Paris, 100 g de flocons de céréales, 2 verres d'eau, 1 oignon, ail, persil, sel et poivre

① Lavez et équeutez les champignons.
② Faites revenir l'oignon, l'ail et le persil hachés.
③ Mettez à cuire les flocons dans l'eau et assaisonnez-les.
④ Mélangez les flocons au mélange d'oignons, d'ail et de persil, puis garnissez-en les têtes de champignons.
⑤ Cuisez-les à four moyen (20 mn).

Champignons de Paris aux œufs de caille

Préparation : 5 mn ; Cuisson : 25 mn

12 gros champignons de Paris, 12 œufs de caille, 1 c. à soupe d'estragon haché, 1 dl de crème liquide, 1 noisette de beurre, 1 filet de citron, sel, poivre

① Lavez les champignons après avoir enlevé les extrémités sableuses et séparez les pieds des chapeaux.
② Dans une casserole, recouvrez les chapeaux d'eau froide additionnée du jus de citron et d'une noisette de beurre. Laissez-les cuire 15 mn. Salez et poivrez. Puis sortez-les, en conservant le jus de cuisson. Essuyez-les sur du papier absorbant.

③ Placez les chapeaux sur un plat allant au four. Mettez dans chaque chapeau un peu de crème, de l'estragon haché et cassez-y un œuf. Recouvrez de crème, salez et poivrez.

④ Versez au fond du plat un peu du jus de cuisson que vous aviez réservé et passez au four (10 mn). Servez très chaud.

Chili

Temps de repos : 1 nuit
Préparation : 15 mn ; Cuisson : 1h
250 g de haricots secs, 2 oignons, ½ tête d'ail,
1 carotte, 2 tomates, 1 poivron, 1 poireau,
2 cuillerées à café de paprika, 1 cuillerée à café
de chili, huile d'olive, sel

① Faites tremper dans de l'eau un mélange de haricots secs (rouges, blancs, lentilles, pois...) pendant la nuit.

② Faites frire les oignons émincés avec de l'huile d'olive dans une cocotte.

③ Ajoutez-y les haricots avec leur eau, la carotte, le poireau, le poivron et les tomates coupés en petits morceaux, l'ail haché, le paprika, le chili et le sel. L'eau doit recouvrir le mélange ; en rajouter si nécessaire. Couvrez et laissez mijoter à feu doux pendant une heure.

Choux-fleurs aux champignons et aux pommes de terre

Préparation : 10 mn ; Cuisson : 40 mn

1 choux-fleur, 5 gros champignons de Paris, 2 ou 3 pommes de terre, 5 à 6 gousses d'ail, sauce béchamel, huile d'olive ou margarine végétale

① Faites cuire à la vapeur le choux-fleur et les pommes de terre.

② Préparez une béchamel *(voir Sauces)*.

③ Emincez les champignons et faites-les revenir avec l'ail haché dans un peu d'huile ou de margarine végétale. Ajoutez un peu d'eau et laissez mijoter quelques minutes.

④ Mélangez les champignons et leur jus de cuisson avec la béchamel encore chaude. Ajoutez le choux-fleur et les pommes de terre coupés en morceaux et servez chaud.

Ciboulette

Pour avoir de la ciboulette toute l'année, hachez-en quelques bottes à la saison, versez-les dans de petites boîtes que vous mettrez au congélateur. Très agréable pour les salades d'hiver !

Crème de courgettes

Préparation : 5 mn ; Cuisson : 15 mn

1 kg de petites courgettes, 2 pommes de terre, 1 petit oignon ou 1 échalote, 1 cuillerée à soupe d'huile d'olive, 1 l d'eau, 1 verre de lait de soja, sel et poivre

① Pelez et épépinez les courgettes, puis les pommes de terre. Coupez le tout en petits morceaux.

② Faites revenir l'oignon ou l'échalote dans l'huile, puis ajoutez-y les cubes de courgettes et de pommes de terre. Recouvrez avec l'eau et laissez bouillir jusqu'à ce que les légumes soient cuits.

③ Ajoutez le lait de soja, assaisonnez, puis mixez. Selon votre goût, servez cette crème accompagnée ou non de croûtons.

Crème aux flocons de céréales

Cuisson : 5 mn

4 cuillerées à soupe de flocons, persil ou ciboulette, croûtons, 1 l d'eau, sel et poivre

① Faites légèrement dorer les flocons, puis ajoutez le persil ou la ciboulette.

② Versez doucement l'eau froide sur les flocons en remuant. Continuez à remuez constamment jusqu'à ébullition.

③ Assaisonnez selon votre goût et servez avec des croûtons.

Crêpes sans œuf

Préparation : 5 mn ; Cuisson : 3 mn de chaque coté par crêpe

125 g de farine, 1 verre d'eau froide, sel, margarine végétale

Délayez dans une terrine la farine avec l'eau. Salez et laissez reposer quelques minutes si possible. Vous obtenez une pâte fluide, un peu plus épaisse qu'une pâte à crêpe ordinaire. Faites cuire les crêpes des deux côtés. Ces crêpes, moins riches que les autres, servent de base à toutes sortes de préparations, salées ou sucrées. Elles se roulent facilement et peuvent donc être fourrées.

Crêpes fourrées au gratin

Préparation : 10 mn ; Cuisson : 10 mn

4 crêpes, , 4 saucisses végétales ou quenelles végétariennes, 4 c. à soupe de sauce tomate, 100 g de gruyère râpé

① Préparez les crêpes avec lait, farine complète et des œufs.

② Roulez les saucisses dans les crêpes et disposez-les dans un plat allant au four.

③ Nappez chaque crêpe d'une cuillerée de sauce tomate et parsemez de gruyère râpé.

④ Passez à four chaud quelques minutes et servez sur un lit de verdure.

Croustillants d'aubergines

Préparation : 5 mn ; Cuisson : 5 mn
*Quelques aubergines, 1 verre de lait de soja,
2 c. à soupe de farine complète, margarine végétale
ou huile, ciboulette*

① Pelez les aubergines et débitez-les en rondelles.
② Trempez-les dans le mélange lait de soja-farine.
③ Quand elles sont bien imprégnées, faites-les saisir dans l'huile.
④ Au moment de servir, salez, poivrez et parsemez-les de ciboulette hachée.

Endives au lait de soja

Préparation : 5 mn ; Cuisson : 30 mn
*4 endives, 2 verres de lait de soja, 1 c. à soupe
de farine complète, sel, poivre*

① Faites cuire les endives à la vapeur, à l'étouffée ou dans de l'eau bouillante salée.
② Dans une casserole, versez le lait de soja, la farine, sel et poivre. Portez à ébullition sur feu doux sans cesser de remuer.
③ Dressez les endives sur un plat allant au four, versez dessus la béchamel et passez sous le gril quelques minutes jusqu'à coloration.

Il est possible d'ajouter à la béchamel des champignons et du fromage râpé.

Escalopes de blé

Préparation 5 mn ; Cuisson : 5 mn

250 g de pétales de blé, 250 g de farine complète, 250 g d'oignons, ail, 1 ou 2 œufs, 2 c. à soupe de tamari, épices diverses (curry, colombo…) ou herbes de Provence

① Faites tremper dans l'eau les pétales de blé pendant que vous émincez les oignons, puis mélangez-les aux pétales. Incorporez à l'ensemble la farine, les épices, le tamari et l'œuf battu à la fourchette.

② Mélangez bien jusqu'à obtention d'une pâte lisse pas trop épaisse.

③ Versez à la cuillère dans de l'huile de palme bien chaude jusqu'à ce que les escalopes soient saisies. Egouttez et servez chaud sur un lit de salade verte.

Fondue de courgettes

Préparation : 5 mn ; Cuisson : 8 mn

*1,5 kg de courgettes, 500 g d'oignons nouveaux
(si possible), 50 g de beurre, 50 g de gruyère râpé,
une pointe de noix de muscade, sel et poivre,
2 ou 3 c. à soupe de crème fraîche*

① Epluchez les oignons, coupez-les en morceaux et faites-les fondre, casserole couverte, dans une sauteuse sur feu très doux, dans un peu de beurre chaud ou de margarine végétale.

② Epluchez les courgettes, débitez-les en tranches d'un bon centimètre d'épaisseur et posez-les sur les oignons qui doivent être devenus translucides sans avoir pris couleur. Salez, poivrez, ajoutez la noix muscade et le reste du beurre. Couvrez et laissez cuire à feu doux en secouant la sauteuse de temps en temps.

③ Lorsque les légumes sont bien cuits (5 mn au plus), montez le feu et faites évaporer l'excès d'eau à découvert. Remuez pour ne pas laisser les légumes attacher !

④ Quand la fondue est à bonne consistance, ajoutez le gruyère râpé et la crème fraîche, remuez le tout, laissez chauffer 2 ou 3 mn et servez aussitôt.

*N.B. Ce plat printanier s'accompagne bien
de riz complet.*

Galettes de pilpil

Préparation : 10 mn ; Cuisson : 15 mn

100 g de pilpil de blé, 5 gros champignons de Paris, 1 œuf, 100 g de gruyère râpé, 3 gousses d'ail hachées, margarine végétale, sel

① Faites cuire le pilpil dans double volume d'eau pendant 10 mn, puis couvrez et laissez reposer jusqu'à complète absorption de l'eau.

② Faites revenir dans de la margarine végétale les champignons coupés en fines lamelles et l'ail.

③ Mélangez le pilpil cuit, les champignons à l'ail, l'œuf battu et le fromage râpé. Salez à votre convenance.

④ Formez avec le plat de la main de petites galettes que vous ferez frire à la poêle de chaque côté dans un peu de margarine végétale. Servez avec une salade verte.

Galette de pommes de terre

Préparation : 10 mn ; Cuisson : 5 mn

4 pommes de terre, 1 œuf, ail et persil hachés, huile

① Pelez les pommes de terre. Râpez-les grossièrement avec une râpe en inox.

② Dans un récipient, mélangez les pommes de terre râpées avec l'œuf, l'ail et le persil. Salez, poivrez.

③ Faites chauffer un peu d'huile dans une grande poêle. Versez-y la préparation et faites-la dorer des deux côtés. Servez cette galette accompagnée de salade.

Galettes de pommes de terre *(variante)*
Préparation : 10 mn ; Cuisson : 15 mn
500 g de pommes de terre cuites, ½ verre de lait, 1 petit morceau de beurre, 1 œuf, sel, poivre
① Réduisez en purée les pommes de terre cuites à l'eau légèrement salée.
② Incorporez à cette purée un peu de beurre, le lait et l'œuf battu. Salez, poivrez.
③ Roulez cette pâte, façonnez-en de petites galettes que vous placez sur une plaque huilée. Cuisez-les 15 mn à four chaud et servez brûlant.

Gâteau de macaronis
Cuisson : 30 mn
150 g de macaronis, 1 litre de lait, 50 g de fromage râpé, 1 œuf battu, sel
① Mettez à cuire les macaronis en les jetant dans le lait bouillant salé.
② Ajoutez le râpé, l'œuf battu, salez et passez le tout au four 20 mn. Vous pouvez remplacer le lait par du bouillon et arroser le plat de sauce tomate.

Gâteau Parmentier

Préparation : 5 mn ; Cuisson : 30 mn

500 g de pommes de terre cuites, ½ verre de lait, 100 g de farine complète, 1 oignon, 2 œufs, 125 de gruyère râpé, un petit morceau de beurre, sel, poivre,

① Réduisez-les en purée les pommes de terre cuites à l'eau légèrement salée.

② Incorporez à cette purée le lait, le morceau de beurre, les œufs battus, l'oignon émincé finement, le fromage râpé. Salez et poivrez. (Si vous en avez le temps, battez les blancs en neige : votre gâteau sera plus léger !)

③ Faites prendre à four doux 30 mn.

Gnocchis à la semoule

Préparation : 10 mn ; Cuisson : 10 mn

1 litre de lait, 200 g de semoule complète, 3 œufs, 25 g de beurre, 50 g de fromage râpé, sel

① Versez en pluie la semoule dans le lait bouillant. Laissez épaissir quelques instants en remuant. Salez.

② Lorsque la semoule est prise, ajoutez hors du feu les œufs battus à la fourchette, le beurre, le râpé et mélangez bien le tout.

③ Huilez légèrement un plat et versez-y la préparation. Laissez-la bien refroidir.

④ Découpez des carrés et faites-les griller à la poêle ou au four dans un peu de margarine végétale.

Gratin de pâtes

Préparation : 5 mn ; Cuisson : 30 mn

400 g de pâtes complètes, 100 g de fromage râpé, 3 œufs, 1 ½ de lait ou lait de soja, 1 c. à soupe de purée d'amande, noix de muscade, 100 g de tofu, margarine végétale,

① Cuisez les pâtes et mettez-les à égoutter.
② Mixez ensemble les œufs, le lait avec un peu de noix de muscade râpée, le tofu et la purée d'amande. Salez.
③ Beurrez le plat à gratin et garnissez-le de pâtes et de fromage râpé.
④ Nappez avec le mélange œufs-lait etc. et dispersez quelques noisettes de margarine végétale.
⑤ Gratinez au four chaud 20 mn et servez dans le plat de cuisson.

Légumes farcis

(tomate, courgette, pomme de terre, poivron etc.)
Préparation : 10 mn ; Cuisson : 25 mn
1 sachet de préparation pour escalopes végétales, légumes, fromage râpé

① Préparez la farce selon le mode d'emploi indiqué sur le sachet.
② Videz les légumes et mélangez la pulpe recueillie à la farce. Remplissez les légumes de ce mélange. Recouvrez de fromage râpé.
③ Mettez à cuire à four moyen jusqu'à cuisson complète.

Millet au sésame

Préparation : 5 mn ; Cuisson : 25 mn

100 g de millet, 1 c. à soupe d'huile d'olive, 30 g de margarine végétale, 2 c. à soupe de levure alimentaire, 1 c. à soupe de gomasio, 1 cube de bouillon végétal, une gousse d'ail, ciboulette

① Il faut deux volumes d'eau pour un volume de millet. Mettez à dissoudre dans l'eau le cube de bouillon végétal et jetez le millet dans l'eau bouillante. Laissez cuire 25 mn, couvert, à feu doux, jusqu'à ce que l'eau soit absorbée.

② Retirez du feu et ajoutez l'huile et la margarine végétale. Remuez bien. Ajoutez ensuite la levure, le gomasio (sésame grillé), l'ail et les fines herbes.

③ Mélangez bien le tout et servez accompagné d'olives noires et saupoudré de paprika en poudre.

Œufs au céleri

Préparation : 5 mn ; Cuisson : 25 mn

1 céleri-rave, 1 poignée de riz, 2 pommes de terre, 1 cube de bouillon végétal, 1 c. à soupe de crème fraîche, 1 orange, 4 œufs, 100 g de gruyère râpé, sel, poivre

① Coupez en morceaux un céleri-rave. Faites-le cuire 20 mn avec le riz et les pommes de terre dans du bouillon préparé avec le cube végétal. Egouttez et mixez (ou écrasez).

② Ajoutez la crème fraîche, le zeste et le jus de l'orange. Salez et poivrez. Mélangez bien le tout.
③ Versez la préparation dans un plat allant au four. Creusez 4 trous et cassez un œuf dans chacun d'eux. Saupoudrez de râpé.
④ Faites cuire à four chaud.

Omelette aux flocons de céréales

Préparation : 5 mn ; Cuisson : 5 mn

3 cuillerées à soupe de flocons, ½ verre de lait, 4 œufs, 50 g de gruyère râpé, ciboulette hachée, sel et poivre, margarine végétale,

① Mettez les flocons à tremper dans le lait quelques minutes.
② Battez les œufs quelques minutes, puis ajoutez-y les flocons. Salez et poivrez selon votre goût.
③ Faites fondre une noix de margarine végétale dans une poêle, puis versez-y le mélange. Nappez de râpé et de ciboulette. Lorsque la préparation est cuite (elle doit rester un peu moelleuse), pliez-la en deux et servez très chaud.

Omelette sans œufs

Préparation : 10 mn ; Cuisson : 5 mn
6 pommes de terre, 6 c. à café de farine,
½ verre de lait de soja, 1 gousse d'ail,
ciboulette, margarine végétale

① Râpez les pommes de terre (crues ou cuites) et mêlez-y la farine. Battez en omelette en ajoutant le lait de soja ou de l'eau.
② Ajoutez la ciboulette et l'ail finement hachés, du sel et du poivre.
③ Huilez la poêle. Dès qu'elle se met à fumer, versez le mélange. Etalez bien la préparation au fond de la poêle en appuyant dessus avec une cuiller en bois ou une spatule. Ne la laissez pas attacher.
④ Quand le dessous commence à dorer, repliez en omelette et glissez sur un plat.,

Pâtes en beignets

Préparation : 5 mn ; Cuisson : 5 mn
1 verre de lait de soja, 1 œuf,
un peu de farine, pâtes cuites

① Avec un reste de pâtes, formez des petits paquets.
② Dans une terrine, mélangez le lait de soja, l'œuf et ajoutez de la farine pour épaissir un peu.
③ Trempez les paquets de pâtes dans cette préparation et faites-les frire à la poêle des deux côtés. Servez chaud accompagné d'une salade.

Poëlée de printemps

Préparation : 10 mn ; Cuisson : 30 mn

7 petits oignons blancs, 1 poignée de fèves très jeunes 12 petites carottes, 12 petites pommes de terre nouvelles, 1 courgette, 1 c. à soupe d'huile d'olive, 1 morceau de sucre, 1 verre d'eau, ½ verre de lait de soja, sel et poivre

① Dans une cocotte, faites revenir les carottes entières, les pommes de terre et la courgette lavée et coupée en dés avec sa peau. Surveillez et remuez souvent.

② Au bout de cinq minutes, ajoutez les fèves et les oignons. Laissez mijoter quelques instants, puis ajoutez l'eau, le lait de soja, l'huile d'olive, le morceau de sucre, le sel et le poivre. Laissez encore mijoter quelques minutes.

③ Déposez le tout dans un plat de service et saupoudrez de ciboulette hachée.

Pommes de terre sautées aux champignons

Préparation : 10mn ; Cuisson : 30 mn

500 g de pommes de terre, 6 gros champignons de Paris, 2 gros oignons, 5 gousses d'ail, persil, margarine végétale

① Epluchez et débitez en petits cubes les pommes de terre et mettez-les à rissoler dans la margarine végétale.

② Faites dorer les oignons dans une autre poêle ; lorsqu'ils sont à point, ajoutez-y les champignons émincés ainsi que l'ail et le persil hachés. Laissez-cuire quelques minutes. Mélangez les deux préparations et servez aussitôt.

Potiron, courge ou potimarron grillé

Préparation : 15 mn ; Cuisson : 30 mn

1 potimarron, ou 1 courge, ou 1 quartier de potiron 2 oignons, huile de tournesol ou d'olive, sel

① Faites revenir les oignons dans l'huile.

② Découpez la courge en petits cubes (si la peau est claire, il n'est pas nécessaire de l'éplucher), puis les mettre à cuire avec les oignons. Remuez fréquemment.

③ Servez avec du riz complet.

Purée basquaise

Préparation : 10 mn ; Cuisson : 10 mn

125 g de flocons de pommes de terre, 1 c. à soupe d'huile d'olive, ¾ de litre d'eau, ½ verre de lait, 4 tomates, 1 poivron vert, 2 oignons, 1 gousse d'ail, persil, sel, 1 morceau de beurre,, huile

① Coupez les tomates en rondelles et le poivron en lanières. Faites-les revenir 5 mn à la poêle dans un peu d'huile ; ajoutez les oignons hachés et la gousse d'ail écrasée et laissez cuire quelques minutes.

② Préparez la purée en jetant les flocons de pommes de terre dans le mélange chaud d'eau salée et de lait. Ajoutez le morceau de beurre et remuez.

③ Versez la purée dans le plat de service, recouvrez avec la préparation et saupoudrez de persil haché. Servez aussitôt.

N.B. Vous pouvez remplacer la purée par des flocons de céréales.

Quenelles de pommes de terre

Préparation : 10 mn ; Cuisson : 5 mn
Purée de pommes de terre, 1 œuf, 1 verre de lait de soja, 2 c. à soupe de farine complète, huile d'olive

① Préparez une purée de pommes de terre assez épaisse.
② Dans un récipient, mélangez l'œuf, le lait de soja et la farine.
③ Prenez la purée avec une cuiller, trempez-la dans ce mélange et posez-la dans la poêle. Faites dorer à feu doux, en tournant pour former des bâtonnets. Servez chaud.

Quenelles de quinoa gratinées*

Préparation : 10 mn ; Cuisson : 25 mn
250 g de flocons, 2 œufs, sauce tomate parfumée, comté râpé, 6 verres de bouillon végétal, huile d'olive

① Versez de l'eau bouillante (ou mieux un bouillon végétal) sur les flocons et laissez gonfler 10 mn. Incorporez les œufs entiers, remuez bien, puis formez les quenelles.
② Pochez-les dans un grand volume d'eau bouillante salée, jusqu'à ce qu'elles remontent à la surface. Egoutter et disposer dans un plat à gratin.
③ Versez de la sauce tomate et un filet d'huile d'olive, parsemez de fromage râpé et mettez à gratiner à four chaud pendant 15 à 20 mn. Vous pouvez remplacer la sauce tomate par des épinards à l'ail et à la crème.

La quinoa : un trésor pour la santé !

Connaissez-vous la quinoa, cette graine cultivée sur l'Altiplano à près de 4000 m d'altitude ? Sa richesse exceptionnelle en éléments nutritifs (calcium, magnésium, fer, acides aminés…, mais sans gluten) l'avait fait sacrer «grain-mère» par les Incas dont elle représentait l'aliment de base.

Alliance de saveur et d'équilibre, elle représente aussi un espoir pour demain. Le développement de la culture de quinoa, en donnant aux paysans des moyens de subsistance suffisants, permet d'enrayer l'exode rural vers les plantations de coca (plus rémunératrices) et de lutter ainsi contre le fléau de la drogue[4].

Présentée en grains, ou sous forme de flocons, de farine, de pâtes, vous pouvez l'utiliser dans toutes vos recettes. Rapide à cuire, elle accompagnera aussi bien vos plats de légumes que vos salades et vous pouvez même en faire des desserts. N'oubliez pas d'en mettre aussi à germer !

---

[4] Euro-Nat / Primeal reverse en plus à cet effet aux paysans boliviens un pourcentage de ses achats. (Euro-Nat, 07340 Peaugres, France).

Quiche express

Préparation : 10 mn ; Cuisson : 30 mn

1 l de lait, 3 œufs, blancs de poireaux ou pointes d'asperges, 50 g de gruyère râpé, 150 g de farine, 1 petit oignon, 1 cuillerée à soupe d'huile d'olive, sel et poivre, beurre pour le moule

① Mélangez le lait, les œufs, le sel et le poivre et l'huile d'olive.

② Ajoutez l'oignon haché, les poireaux ou les asperges coupés menus.

③ Ajoutez la farine et le fromage râpé. Mélangez bien le tout.

④ Beurrez un moule, versez y la préparation et faites cuire 30 mn à four chaud.

Quiche végétarienne

Préparation : 10 mn ; Cuisson : 30 mn

Pâte brisée (voir tarte), 100 g de flocons d'avoine, 100 g de flocons d'orge, 2 oignons, 200 g de champignons, 100 de fromage râpé

① Garnissez votre tourtière de pâte brisée.

② Emincez les champignons et les oignons. Faites-les revenir doucement dans une sauteuse avec un peu d'huile. Mélangez avec les flocons et le fromage râpé. Salez.

③ Remplissez la tourtière avec cette préparation et faites cuire à four chaud environ 20 minutes.

Riz à l'arabe

Préparation : 5 mn ; Cuisson : 1h

12 c. à soupe de riz complet, 4 c. à soupe d'huile d'olive, 6 c. à soupe de gruyère râpé, 1 sachet de cèpes séchés, une douzaine d'olives noires, 3 c. à soupe de tamari, eau

① Dans un plat allant au feu ou une casserole à fond épais, versez l'huile d'olive, le riz complet, le gruyère râpé, les olives noires et les cèpes séchés. Recouvrez d'eau et faites cuire.

② Dès l'ébullition, laissez cuire à feu très doux 60 mn. Ajoutez de l'eau en cours de cuisson si nécessaire. Assaisonnez de tamari avant de servir.

Riz à la carotte

Préparation : 5 mn ; Cuisson : 20 mn

12 c. à soupe de riz complet cuit, 3 gros oignons, 100 g de champignons de Paris, 6 c. à soupe de gruyère râpé, ½ litre de jus de carottes, herbes de Provence, aromates à volonté, sel marin

① Faites dorer les oignons dans un peu d'huile.

② Ajoutez les champignons émincés et laissez cuire quelques minutes.

③ Dans un plat allant au four, disposez une couche de riz cuit, une couche d'oignons et de champignons. Recouvrez de gruyère râpé. Saupoudrez avec les herbes de Provence, thym, etc.).

④ Ajoutez le jus de carottes jusqu'à ce que le tout baigne. Mettez ¼ d'heure à four chaud pour faire gratiner.

Riz au chou sénégalais

Préparation : 10 mn ; Cuisson : 30 mn

300 g de riz, 500 g de chou pommé, 150 g de tomates, 50 g d'huile d'arachide, 60 g d'oignons, 50 g de gruyère, sel, poivre, eau ou bouillon

① Lavez le chou et coupez-le en fines lanières.

② Faites chauffer l'huile dans une cocotte. Faites-y frire l'oignon haché menu.

③ Ajoutez les tomates coupées en morceaux, le chou et le riz. Recouvrez d'eau ou de bouillon (préparé, par exemple, avec un cube végétal).

④ Laissez cuire, couvert, à feu doux. Quand le liquide est absorbé, le riz est cuit. Saupoudrez de gruyère râpé et servez chaud.

Riz original

Préparation : 5 mn ; Cuisson : 30 mn

250 g de riz complet, 2 pommes, 2 beaux oignons, assaisonnement

① Mettez à cuire le riz dans de l'eau salée bouillante.

② Pelez les pommes et coupez les en quartiers.

③ Faites revenir les oignons émincés dans une cocotte, puis ajoutez y les quartiers de pomme. Lorsqu'ils sont cuits, ajoutez le riz, assaisonnez et laissez encore 1 mn sur le feu.

Riz au tofu

Préparation: 5 mn; Cuisson: 10 mn

2 oignons moyens, 500 g de riz déjà cuit, tofu ou saucisses végétariennes, 1 c. à soupe de tamari, huile d'olive

① Faites revenir les oignons émincés à la poêle avec un peu d'huile d'olive. Ajoutez le tofu ou les saucisses coupés en petits cubes.

② Quand l'ensemble est doré, ajoutez le riz et laissez mijoter quelques minutes jusqu'à ce qu'il soit chaud. Assaisonnez avec le tamari au moment de servir.

Tarte au fromage

Préparation: 15 mn; Cuisson: 35 mn

<u>Pâte brisée :</u> *300 g de farine, 100 g de margarine végétale, ½ verre d'eau, sel.* <u>Prép.:</u> *½ litre de lait, 2 c. à soupe de farine, 100 g de gruyère râpé, 3 œufs,*

① Préparez la pâte brisée en travaillant du bout des doigts tous les ingrédients. Foncez-en une grande tourtière beurrée ou des petite tourtières individuelles.

② Délayez la farine dans le lait et portez à ébullition sans cesser de remuer.

③ Râpez le fromage, ajoutez-le à la bouillie ainsi que les œufs battus. (*Variante*: incorporez délicatement les blancs montés en neige.)

④ Versez le tout sur le fond de tarte et cuisez environ 30 mn à four moyen. La tarte doit être dorée et soufflée, mais il ne faut pas la laisser brunir.

Tartiflette

Préparation : 20 mn ; Cuisson : 30 mn

*5 grosses pommes de terre, 400 g de reblochon,
2 gros oignons, huile de tournesol, sel*

① Epluchez les pommes de terre et coupez-les très finement en tranches à l'aide du couteau-éplucheur. Pressez-les dans un torchon avant de les mettre à griller dans l'huile. Remuez fréquemment.

② Dans une autre poêle, faites frire les oignons émincés jusqu'à ce qu'ils brunissent uniformément ; puis mélangez-les avec les pommes de terre lorsqu'elles sont cuites.

③ Déposez le reblochon coupé en tranche avec sa croûte sur le mélange, couvrez et laissez fondre à feu doux pendant 5 à 10 mn. Servez tel quel.

Tomates farcies

Préparation : 5 mn ; Cuisson : 20 mn

*mie de pain complet (4 tranches), 1 œuf,
½ verre de lait de soja, ail, persil, ciboulette, sel*

① Mettez la mie de pain dans un récipient. Ajoutez le mélange œuf et lait de soja, ainsi que les aromates. Malaxez bien le tout.

② Garnissez de cette préparation les tomates coupées en deux. Passez-les à four moyen 20 mn ou faites-les cuire à la poêle.

Tomates farcies aux champignons

Préparation: 10 mn; Cuisson: 25 mn

4 belles tomates, 150 g de champignons, une échalote ou oignon, ciboulette, 2 c. à soupe de farine, 1 œuf dur, 4 tranches de pain complet, margarine végétale

① Faites fondre la margarine dans une casserole et mettez-y à revenir les champignons nettoyés, lavés et émincés. Ajoutez la ciboulette, salez, poivrez.

② Enlevez le sommet des tomates et creusez-en l'intérieur avec une petite cuiller. Ajoutez cette pulpe aux champignons et saupoudrez le tout avec la farine. Laissez cuire pendant 5 mn. Cette sauce doit rester assez épaisse.

③ Garnissez-en les tomates et passez-les 20 mn au four.

④ Faites dorer les tranches de pain dans la margarine végétale, disposez une tomate sur chacune d'elle et garnissez de rondelles d'œuf dur.

Tomates farcies au fromage

Préparation : 10 mn ; Cuisson : 30 mn

4 belles tomates, 1/4 de litre de lait, 100 g de gruyère râpé, 3 œufs, sel, poivre

① Coupez le chapeau des tomates et creusez délicatement l'intérieur avec une petite cuiller.

② Faites bouillir le lait. Battez les œufs entiers et versez-les délicatement, peu à peu, dans le lait bouillant en tournant vivement. Faites-y tomber en pluie le gruyère râpé et salez.

③ Remplissez les tomates de cette préparation et dressez-les sur un plat allant au four.

④ Faites cuire 30 mn à four doux. La préparation ne doit pas bouillir.

Tranches de tofu panées

Préparation : 3 mn ; Cuisson : 3 mn

4 tranches de tofu, 1 œuf, sel marin, farine à 85 %, huile ou margarine végétale, jus de citron

① Plongez les tranches de tofu dans l'œuf battu salé puis dans la farine.

② Faites-les dorer des deux côtés dans de la margarine végétale.

③ Servez arrosées d'un filet de jus de citron.

Desserts

Nous n'insisterons pas sur les desserts, toutes les recettes habituelles pouvant se réaliser avec de la farine complète et du sucre roux. Il suffit généralement de remplacer, au moins de temps en temps, le beurre par de la margarine végétale que l'on peut se procurer en magasin de diététique. Les recettes suivantes présentent l'avantage de la facilité et vous montreront comment alléger votre cuisine tout en vous régalant.

Bananes au caramel

Cuisson : 5 mn

Ingrédients par personne : 1 banane, 2 c. à soupe de sucre, un peu d'eau, beurre ou margarine végétale

Coupez une banane dans sa longueur et faites-la frire à la poêle des deux côtés dans un peu de beurre. Ajoutez une cuillerée à café d'eau et le sucre, puis laissez caraméliser une minute.

Beignets de carnaval

Préparation : 10 mn ; Cuisson : 5 mn

100 g de farine, 50 g de margarine végétale, 1 pincée de sel, 1 c. à soupe de sucre, 3 c. à soupe de lait, 1 sachet de sucre vanillé, 2 œufs, ½ sachet de levure

① Battez les œufs en omelette.

② Ajoutez le lait, la vanille, le sucre, le sel et la margarine ramollie. Mélangez bien le tout.

③ Ajoutez la farine petit à petit, puis la levure.

④ Roulez la pâte finement et découpez-y des formes diverses que vous jetterez dans une friture bien chaude. Egouttez sur du papier absorbant avant de servir, chaud ou froid.

Biscuits

Préparation : 10 mn ; Cuisson : 25 mn

150 g de sucre, 2 œufs, 125 g de farine, 3 c. à soupe d'huile d'olive, 1 c. à soupe d'eau de fleur d'oranger, 1 jus de citron

① Travaillez bien le sucre avec les deux jaunes d'œufs. Ajoutez l'eau de fleur d'oranger et le jus de citron.

② Ajoutez la farine et l'huile. Si la pâte n'est pas assez fluide, ajoutez un peu d'eau.

③ Ajoutez les blancs d'œufs montés en neige ferme.

④ Etendez la pâte sur une plaque bien beurrée et laissez cuire à four doux jusqu'à que le tout soit bien doré. Découpez la pâte dès la sortie du four.

Boulettes bavaroises

Préparation : 10 mn ; Cuisson : 30 mn

1,5 kg de pommes de terre, 1 kg de quetsches,
3 œufs, 80 g de semoule, 100 g de biscottes,
50 g de beurre ou graisse végétale, 100 g de farine,
60 g de sucre, cannelle en poudre, 1 pincée de sel

① Faites cuire les pommes de terre en robe des champs, épluchez-les et réduisez-les en purée. Ajoutez-y les œufs, la farine, la semoule et le sel. Pétrissez jusqu'à obtention d'une pâte homogène. Formez des boulettes de la taille d'une petit œuf. Au centre de chacune d'elles, introduisez une prune dénoyautée.

② Faites chauffer une grande casserole d'eau salée dans laquelle vous plongerez les boulettes pour les faire pocher. Egouttez-les.

③ Dans une sauteuse, mettez à fondre un peu de beurre et faites-y revenir les boulettes. Il ne vous reste qu'à les rouler dans de la chapelure obtenue en écrasant les biscottes.

④ Disposez-les sur un plat et saupoudrez-les avec un peu de sucre et de cannelle en poudre.

Charlotte au fromage blanc

Préparation : 5 mn ; Temps de repos : 30 mn
500 g de fromage blanc, biscuits à la cuiller (autant qu'il en faut pour tapisser le moule à charlotte), fruits au sirop (poires, pêches ou fruits rouges)

① Disposez une partie des fruits dans le fond du moule.

2) Trempez les biscuits dans le jus des fruits, puis tapissez-en les parois du moule.

③ Coupez le reste des fruits en petits morceaux, mélangez-les au fromage blanc, puis remplissez le moule avec le mélange. Recouvrez le tout d'une couche de biscuits trempés.

④ Couvrez avec une assiette et pressez légèrement pour que la charlotte soit bien tassée, puis placez-la au réfrigérateur pendant au moins 30 mn. Démoulez au moment de servir.

Cocotte à la normande

Préparation : 5 mn ; Cuisson : 45 mn
6 belles pommes (Granny Smith), 125 g de raisins secs, 2 clous de girofle, 3 c. à soupe de miel, 1 orange, 1 citron

① Mettez ensemble dans une cocotte : les pommes coupées en morceaux, les raisins secs, les clous de girofle, les zestes et les jus de l'orange et du citron.

② Fermez la cocotte et faites cuire à four moyen environ ¾ h.

N.B. Se mange tiède ou bien frais.

Crêpes aux pommes

Préparation : 10 mn ; Cuisson : 5 mn par crêpe
2 œufs, 40 cl de lait ou lait de soja, 40 g de beurre ou graisse végétale, 4 c. à soupe de sucre roux, 170 g de farine complète, 1 dl d'eau, 2 belles pommes, 1 pincée de sel

① Préparez la pâte à crêpe en délayant la farine avec les œufs battus et le lait salé. Laissez si possible reposer une heure.

② Ajoutez à la préparation le sucre, le beurre fondu et les pommes coupées en fins morceaux.

③ Faites cuire les crêpes à la poêle (une crêpe épaisse par personne).

Flan au chocolat ou à la vanille

Préparation : 5 mn ; Cuisson : 40 mn
1 litre de lait biologique ou lait de soja, 3 c. à soupe de chocolat en poudre ou 1 sachet de sucre vanillé 3 œufs, 18 morceaux de sucre de canne roux

① Mélangez le lait, le sucre, le chocolat ou le sucre vanillé et portez à ébullition.

② Pendant ce temps, battez les œufs en omelette (ou dans un mixer).

③ Versez le lait bouillant sur les œufs battus, tout en battant à la fourchette ou au mixer pour ne pas cuire les œufs.

④ Versez la préparation dans des ramequins que vous ferez cuire au bain-marie à four moyen pendant environ 40 mn.

Flan à la papaye

(fruit excellent dans les cas de troubles digestifs)
Préparation : 10 mn ; Cuisson : 40 mn
1 belle papaye, 2 œufs, 7 c. à s. de sucre, sucre vanillé, 1 noix de beurre, 4 c. à s. de lait, 1 louche de farine

① Epluchez la papaye et coupez-la en gros dés que vous ferez cuire à l'eau bouillante. Egouttez-la.

② Ajoutez les œufs battus, le sucre, la vanille, la farine, le beurre et le lait. Mixez le tout.

③ Versez la préparation dans un moule à manqué beurré. Mettez à four moyen jusqu'à ce que le gâteau soit doré.

Flan de semoule

Préparation : 5 mn ; Cuisson : 15 mn
1 l de lait de soja, 1 sachet de sucre vanillé, 10 c. à soupe de semoule, 3 cuillerées à soupe de sucre roux

① Versez dans une casserole un litre de lait de soja, le sachet de sucre vanillé et le sucre roux.

② Lorsque le mélange bout, ajoutez la semoule et laissez gonfler en remuant sans cesse.

③ Versez le mélange dans un récipient et mettez-le à refroidir au réfrigérateur. Démoulez et servez frais.

N.B. : Avant de verser le flan dans le moule, vous pouvez déposez au fond du récipient de la confiture ou des fruits (fraises, framboises…). Vous pouvez également parfumer le flan au chocolat, au café ou au caramel en l'ajoutant au cours de la cuisson.

Gâteau amandine à la quinoa*

Préparation : 5 mn ; Cuisson : 30 mn

200 g de flocons, 75 cl de jus de pommes, 150 g de raisins secs, zeste de citron, 1 c. à soupe de purée d'amande, 3 œufs, amandes hachées, sucre vanillé

① Faites cuire les flocons dans le jus de pommes avec une pincée de sel pendant 10 mn sans cesser de remuer. (Ajoutez de l'eau si la pâte attache).

② Hors du feu, incorporez les raisins, la purée d'amande, le zeste de citron, la vanille et les jaunes d'œufs.

③ Montez les blancs en neige très ferme, ajoutez-les à la préparation et versez le tout dans un moule graissé. Saupoudrez avec les amandes et cuisez à four chaud pendant 20 mn.

Gâteau fromager

Préparation : 15 mn ; Cuisson : 45 mn

175 g de sucre, 5 œufs, 500 g de fromage blanc, 120 g de farine, 1 citron

① Travaillez ensemble le sucre et les œufs jusqu'à obtenir une mousse blanchâtre.

② Ajoutez le fromage blanc, la farine, le jus et le zeste du citron. Travaillez le tout.

③ Incorporez délicatement à ce mélange les blancs d'œuf montés en neige ferme.

④ Versez dans un plat allant au four bien huilé et faites cuire 45 mn à four chaud.

Gâteau rapide au chocolat

Préparation : 15 mn ; Cuisson : 20 mn

2 œufs, 1 verre de lait, 2 sachets de sucre vanillé, 8 c. à soupe de sucre, 8 c. à soupe de chocolat en poudre, 300 g de farine, ½ sachet de levure

① Versez dans un récipient le lait, les œufs, le sucre vanillé, le sucre et battez soigneusement le tout.

② Ajoutez la levure, la farine et le chocolat et remuez jusqu'à obtention d'une pâte homogène.

③ Beurrez un moule et versez-y le mélange. Faites cuire à thermostat moyen 15 à 20 mn.

Gâteau express à la poêle

Préparation : 5 mn ; Cuisson : 10 mn

1 œuf, 1 verre de lait, 1 sachet de sucre vanillé, 150g de farine complète, 5 cuillerées à soupe de sucre, 1 noix de margarine végétale

① Battez l'œuf et le lait dans un récipient avec le sucre et le sucre vanillé.

② Ajoutez la farine et remuez jusqu'à obtention d'une pâte homogène.

③ Mettez une noix de margarine végétale à fondre dans une poêle à feu doux et versez la pâte. Faites dorer le gâteau des deux côtés en le retournant avec une spatule.

Gâteau de maïs
Préparation : 10 mn ; Cuisson : 1 h
200 g de farine de maïs, 80 g de farine de blé,
4 gros œufs (ou 5 moyens), 1 litre de lait,
2 zestes de citron, un noisette de beurre,
1 petite c. à café d'extrait d'amande amère
① Mettez le lait à bouillir.
② Mélangez aux deux farines les œufs, l'extrait d'amande amère et les zestes de citron. Travaillez le tout au mixer pour en faire une pâte lisse.
③ Sur cette pâte, versez le lait bouillant, toujours en battant.
④ Beurrez le moule, remplissez-le de la préparation et laissez cuire à four moyen environ une heure.

Gâteau de semoule
Préparation : 5 mn ; Cuisson : 15 mn
150 g de semoule, 1 litre de lait, 150 g de sucre,
1 jus de citron, confiture ou compote
① Mettez à chauffer le lait avec le sucre. Quand le mélange bout, versez en pluie la semoule, remuez et laissez cuire 15 mn.
② Versez dans des ramequins et laissez refroidir.
③ Démoulez. Nappez la préparation de confiture délayée avec un peu d'eau et le jus de citron. Vous pouvez l'accompagner de compote de fruits.

Gâteau sans œuf

Préparation : 5 mn ; Cuisson : 15 à 20 mn
2 verres de farine, 1 verre de lait, 1 verre de sucre en poudre, 1 c. à café de bicarbonate de soude, 1 pincée de sel fin.

① Mélangez soigneusement le tout.
② Versez cette pâte dans un moule graissé sans le remplir jusqu'au bord, car cette pâte gonfle à la cuisson.
③ Passez au four chaud 15 à 20 minutes.

N.B. Ce gâteau s'accompagne bien d'une crème-dessert au soja.

Gâteau au yaourt

Préparation : 5 mn ; Cuisson : 40 mn
1 yaourt nature, 2 pots de yaourt de sucre roux, 1 pot de yaourt d'huile, 3 œufs, 250 g de farine, 125 g de beurre ou margarine végétale, parfum : sucre vanillé, zeste de citron, chocolat, caroube ou café soluble

① Mélangez dans l'ordre suivant les ingrédients : yaourt, sucre, huile, œufs, farine, beurre, parfum.
② Mettez à cuire à four moyen 40 mn dans un moule beurré.

Gratin de pommes

Préparation : 10 mn ; Cuisson : 20 mn

600 g de pommes reinettes, 1 c. à soupe de purée d'amande, 50 g de sucre roux, 1 sachet de sucre vanillé, 4 jaunes d'œufs, 1 pincée de cannelle, un peu de beurre ou de margarine végétale

① Pelez les pommes, évidez-les et coupez-les en quartiers que vous disposerez dans un plat beurré allant au four.

② Fouettez le mélange jaune d'œufs, sucre et sucre vanillé jusqu'à ce qu'il devienne blanc et mousseux. Versez-le sur les pommes.

③ Faites cuire 20 mn à four chaud et servez chaud dans le plat.

Omelette sucrée

Préparation : 5 mn ; Cuisson : 5 mn

Ingrédients par personne : 1 œuf, ¼ de verre de lait 1 cuillère à soupe de sucre, 1 cuiller à soupe de farine, une noisette de beurre, sirop d'érable

Battez ensemble dans un bol l'œuf, le lait, le sucre et la farine, puis faites cuire le mélange dans une poêle avec du beurre. Retournez avec une palette dès que possible, puis couvrez durant le reste de la cuisson pour que l'omelette gonfle. Servez chaud, nappé de sirop d'érable.

Pommes râpées à la gelée de fruits

Préparation : 5 mn

4 pommes, 1 jus de citron, 1 petit pot de gelée (groseille, framboise…)

① Pelez les pommes et râpez-les avec une râpe inoxydable. Prenez soin de les arroser sans arrêt de jus de citron afin qu'elles ne noircissent pas.

② Garnissez les coupes avec les pommes râpées, et nappez-les de gelée.

Riz au lait

Préparation : 5 mn ; Cuisson : 25 mn

250 g de riz, 1 litre de lait, 8 c. à soupe de sucre, 1 sachet de sucre vanillé, 1 pincée de sel

① Faites bouillir un litre d'eau et jetez-y le riz. Laissez-le cuire 10 mn. Egouttez-le.

② Pendant ce temps, amenez le lait à ébullition. Versez le riz, ajoutez le sel et la vanille. Couvrez et laissez la cuisson se finir à feu doux (15 mn).

③ Faites fondre le sucre dans un peu de lait froid et ajoutez-le au riz tout en remuant.

Sablés

Préparation: 10 mn ; Cuisson: 30 mn
*500 g de farine, 300 g de margarine végétale,
200 g de sucre, 3 jaunes d'œufs*

① Mélangez bien et travaillez la pâte pendant 10 minutes. Etendez la pâte au rouleau sur une épaisseur d'un centimètre et demi environ.

② Cuisez à four chaud sur une plaque farinée. Laissez refroidir.

Soupe à la bière (recette allemande)

Préparation: 10 mn ; Cuisson: 15 mn
*3/4 l de lait ou de lait de soja, ¾ l de bière blonde,
cannelle, jus de citron, 150 g de sucre en poudre,
30 g de farine, 1 œuf*

① Délayez la farine dans un peu d'eau froide et mêlez-y 75 g de sucre.

② Portez à ébullition le lait parfumé avec une pointe de cannelle. Versez en une seule fois le mélange farine-sucre et laissez épaissir sur le feu 5 à 6 minutes. Ajoutez la bière et 50 g de sucre. Laissez cuire à feu doux, sans faire bouillir. Hors du feu, liez le tout avec le jaune d'œuf.

③ Montez le blanc en neige et incorporez-y le reste du sucre. Versez dans une soupière et parsemez la soupe de quelques cuillerées de blanc en neige. Couvrez pendant cinq minutes, le temps que les blancs se raffermissent. Servez très chaud.

Tarte au citron

Préparation : 15 mn ; Cuisson : 30 à 40 mn
Pâte brisée : *250 g de farine à 85 %,*
100 g de margarine végétale, ½ verre d'eau, sel.
Crème : *75 g de margarine végétale, 2 c. à soupe de purée d'amande, 200 g de sucre roux, 1 zeste et un jus de citron, 1 c. à soupe de farine*

① Préparez la pâte à tarte en mélangeant légèrement les ingrédients sans les travailler.
② Préparez le fourrage en mélangeant les ingrédients jusqu'à ce que cela forme une crème lisse et onctueuse. Ajoutez un peu d'eau si nécessaire.
③ Faire cuire à four moyen 30 à 40 mn.

Tarte au citron *(variante)*

Préparation : 5 mn ; Cuisson : 30 mn
(pour une plaque à tarte moyenne) : pâte brisée, 1 citron, 1 œuf, 100 g de sucre roux, 1 petit morceau de beurre

① Râpez le citron, pressez-en le jus.
② Battez l'œuf en omelette et ajoutez-y le sucre et le beurre.
③ Mélangez le tout et versez-le sur la pâte dont vous avez garni la plaque.
④ Mettez à cuire une demi-heure à four moyen.

Tourte de Linz

Préparation : 10 mn ; Cuisson : 45 mn

225 g d'amandes ou noisettes moulues,
375 g de sucre roux, 225 g de graisse végétale ou
de beurre, 375 g de farine complète, 1 sachet
de levure, 5 œufs, 15 g de cannelle en poudre,
1 pointe de couteau de clous de girofle en poudre

① Travaillez le beurre (végétal ou non) en crème. Ajoutez progressivement le sucre et les jaunes d'œufs. Travaillez bien le tout (à la main : 15 à 20 mn ; au batteur, 2 ou 3 minutes).

② Ajoutez les noisettes, la farine, la cannelle et les clous de girofle réduits en poudre, et en dernier, les blancs d'œufs battus en neige.

③ Cuire 45 mn à four moyen.

N.B. Un part de ce gâteau, nourrissant, peut représenter un excellent goûter pour vos enfants de retour de l'école.

Boissons

Boisson au gingembre
Préparation : 10 mn
Temps de repos : quelques jours
2 à 4 litres d'eau, 200 g de sucre, 2 sachets de sucre vanillé, 100 g de gingembre frais, 2 c. à soupe d'eau de fleur d'oranger
① Pilez le gingembre épluché, enfermez-le dans de la gaze et nouez le paquet.
② Dans un récipient, mélangez l'eau, le sucre, le sucre vanillé et l'eau de fleur d'oranger. Mettez-y à macérer quelques jours le paquet de gingembre. Quand il vous semble prêt, retirez le paquet et conservez le liquide au frais.

Liqueur d'églantine
Préparation : 5 mn
Temps de repos : 15 jours
baies d'églantine, 150 g de sucre, eau de vie
① Remplissez au ¾ un grand bocal de baies.
② Saupoudrez avec le sucre.
③ Comblez avec l'eau de vie.
④ Laissez macérer 15 jours, puis filtrez et mettez en bouteille.

Sirop de citron vert

Préparation: 10 mn; Cuisson: 50 mn

*1 kg de sucre roux, 1 litre d'eau, 2 citrons verts,
1 blanc d'œuf, 12 citrons*

① Faites cuire environ 25 mn le mélange eau et sucre à feu vif pour obtenir un sirop.

② Au bout de ce temps, ajoutez les zestes des citrons verts et remettez à cuire encore 25 mn. Prenez le sirop avec un cuiller à soupe : s'il tombe en gouttelettes, c'est qu'il est cuit.

③ Ajoutez le blanc d'œuf et écumez les résidus grisâtres du sucre.

④ Hors du feu, ajoutez les jus de 12 citrons. Laissez refroidir, mettez en bouteille.

Du même auteur…

Vaincre la timidité
Editions Press Sélect, Montréal, 1978 (épuisé)

Des énergies pour demain
Editions de l'Agora, Genève, 1978 (épuisé)

Les plantes médicinales
Editions de l'Agora, Genève, 1978 (épuisé)

Les réflexothérapies: comment masser les zones-réflexes de votre corps, Editions Retz, Paris, 1981

Le monde de l'ésotérisme et de la parapsychologie
(en collaboration), Le Livre de Paris, 1980

Timide, moi ? Plus jamais, Editions Jouvence, 1996

L'enfant timide, Editions Jouvence, 1997

Vivre au positif
Editions Jouvence, 1997

Oser parler en public
Editions Jouvence, 1997

Croire en soi, Editions Jouvence, 1997

DUMAS Imprimeur, 42100 Saint-Étienne
Dépôt légal : juin 2000
N° d'imprimeur : 35860 B

Imprimé en France